EINFACH GUT

*Sabine Fabke*

# Fruchtige Pfannkuchen und Crêpes

FALKEN

## Inhalt

# Zu diesem Buch

Ob gefüllt, gerollt, zusammengeklappt oder geschichtet – Pfannkuchen kommen immer gut an. Bei allen Schleckermäulern besonders beliebt sind die süßen Variationen mit Obst. Der Vielfalt sind hier keine Grenzen gesetzt.
In diesem Buch finden Sie viele Früchte in immer anderen Kombinationen: mit Eierpfannkuchen, Crêpes, Vollkornpfannkuchen, Buchweizenpfannkuchen, Plinsen und anderen Pfannkuchenarten. Für die Crêpes brauchen Sie keine spezielle Crêpes-Pfanne, zarte Crêpes gelingen auch mit einer Teflonpfanne.
Die ausführlich beschriebenen Grundrezepte finden Sie immer zu Beginn des jeweiligen Kapitels. Plinsen, Blinis & Co. machen dabei eine Ausnahme. Hier gibt es keine speziellen Grundrezepte.
Ausgesprochene Pfannkuchen-Fans genießen diese schon zum Frühstück oder Brunch. Doch auch als Mittagessen oder Dessert sind sie besonders bei Kindern heiß begehrt. Sie schmecken auch köstlich zum Nachmittagskaffee. Unsere Rezepte haben wir, wenn nicht anders angegeben, als **Hauptgericht für 4 Personen** gedacht. Wollen Sie sie als Nachtisch oder zum Kaffee servieren, halbieren Sie einfach die jeweils angegebenen Mengen.
Über jedem Rezept finden Sie ein Stichwort zur Geschmackscharakteristik, eine Kalorienangabe sowie einen Hinweis zum Zeitaufwand, den Sie für die Zubereitung benötigen. Dabei umfaßt die jeweilige Angabe zur Zubereitungszeit die Vorbereitungs- und die Garzeit. Alle Extrazeiten zum Gehen, Quellen, Durchziehen usw. müssen Sie dazurechnen. Ansonsten ist das Obstpfannkuchenbacken aber eine relativ schnelle Sache. Je nach Aufwand des ausgewählten Rezepts können Sie 1/2 bis maximal 1 1/2 Stunden Arbeitszeit einplanen.
Im übrigen finden Sie in der Kurzinformation über dem Rezept immer einen passenden Vorschlag zum Verzieren. Hierzu noch eine Anmerkung: Wenn abgeriebene Zitrusschale oder Schalenstreifen verwendet werden, verwenden Sie bitte immer unbehandelte Zitrusfrüchte.
In der Zubereitungsanweisung gehen wir davon aus, daß das Obst bereits gewaschen und geputzt ist; dieser Arbeitsvorgang wird nicht mehr eigens erwähnt. Backzeit und Temperaturangaben beziehen sich auf einen Elektroherd.

Abkürzungen:

| | |
|---|---|
| EL | = Eßlöffel (gestrichen) |
| TL | = Teelöffel (gestrichen) |
| l | = Liter |
| ml | = Milliliter |
| P. | = Päckchen |
| g | = Gramm |
| kcal | = Kilokalorien |
| ca. | = circa |
| Min. | = Minute(n) |
| Std. | = Stunde(n) |
| °C | = Grad Celsius |

Die Rezepte sind für **4 Personen** berechnet. Ausnahmen sind im Rezeptkopf angegeben.
Die **Kalorienangaben** beziehen sich immer auf **1 Portion.**

# KLASSISCHE EIERPFANNKUCHEN

**Die wohl bekanntesten Pfannkuchen sind die Eierpfannkuchen, auch Eierkuchen genannt. Wie Ihnen das Grundrezept am besten gelingt, beschreiben wir Schritt für Schritt zu Beginn des Kapitels.**

## Eierpfannkuchenteig

- Zubereitungszeit: ca. 3/4 Std.
- Quellzeit: ca. 20 Min.
- ca. 620 kcal je Portion

**350 g Weizenmehl Type 405**
**80 g Zucker**
**1 Prise Salz**
**6 Eier**
**1/2 l Milch**
**ca. 80 g Butter oder Margarine zum Ausbacken**

**1.** Mehl, Zucker und Salz in eine Schüssel geben. In die Mitte eine Mulde drücken, die Eier hineingeben und mit der Mehlmischung verrühren.

**2.** Nach und nach die Milch mit einem elektrischen Handrührgerät sorgfältig daruntermischen; dabei dürfen keine Klümpchen entstehen. Den Teig anschließend ca. 20 Minuten quellen lassen.

**3.** 1 Eßlöffel Fett in einer Pfanne (20 cm Durchmesser) erhitzen. Etwa 2 Suppenkellen Teig hineingießen. Den Pfannkuchen bei mittlerer Hitze backen, bis die Unterseite goldbraun ist.

**4.** Wenn der Teig sich an der Außenseite kräuselt, den Pfannkuchen mit einem Pfannenmesser oder einer Backschaufel wenden.

**5.** Den Pfannkuchen auf der zweiten Seite leicht bräunen. In gleicher Weise die restlichen Pfannkuchen zubereiten.
*(auf dem Teller: oben)*

**Feinschmecker-Tip:**
Die Pfannkuchen werden besonders locker, wenn Sie den Teig statt mit 1/2 Liter Milch mit 1/4 Liter Milch und 1/4 Liter Mineralwasser anrühren.

## Beerenrollen

- Zubereitungszeit: ca. 1 Std.
- Quellzeit: ca. 20 Min.
- ca. 930 kcal je Portion
- Zum Verzieren: in Zucker gewälzte Johannisbeerrispen

**Für den Eierpfannkuchenteig:**
**350 g Weizenmehl Type 405**
**80 g Zucker**
**1 Prise Salz**
**6 Eier**
**250 g Dickmilch**
**1/4 l Mineralwasser**
**80 g Butter oder Margarine zum Ausbacken**
**Für die Füllung:**
**500 g frische gemischte Beeren**
**3 EL Zitronensaft**
**5 EL Puderzucker**
**250 g Magerquark**
**200 ml süße Sahne**

**1.** Den Pfannkuchenteig wie auf Seite 4 beschrieben zubereiten, dabei das Mehl anstelle mit der Milch mit Dickmilch und Mineralwasser verrühren. Anschließend den Teig quellen lassen.

**2.** Die Beeren (Johannisbeeren mit einer Gabel von den Rispen streifen, von anderen Beeren eventuell Stiel entfernen) mit Zitronensaft und 3 Eßlöffeln Puderzucker mischen.

**3.** Den Quark und die Sahne mit einem elektrischen Handrührgerät kräftig verquirlen. Mit dem restlichen Puderzucker abschmecken. Die Beeren daruntermischen.

**4.** Die Pfannkuchen wie auf Seite 4 beschrieben backen. Auf die Hälfte jedes Pfannkuchens etwas Beerenquark geben, die Pfannkuchen aufrollen und mit Johannisbeerrispen garnieren.
*(auf dem Teller: unten)*

**CREMIG**

## Heidelbeer-Joghurt-Pfannkuchen

- Zubereitungszeit: ca. 3/4 Std.
- Quellzeit: ca. 20 Min.
- ca. 790 kcal je Portion
- Zum Verzieren: Puderzucker

**350 g Weizenmehl Type 405**
**80 g Zucker**
**1 Prise Salz**
**6 Eier**
**300 g Vollmilchjoghurt**
**200 ml Mineralwasser**
**750 g Heidelbeeren**
**80 g Butter oder Margarine zum Ausbacken**

**1.** Den Pfannkuchenteig wie auf Seite 4 beschrieben zubereiten, dabei anstelle der Milch Joghurt und Mineralwasser unter das Mehl rühren. Den Teig anschließend quellen lassen.

**2.** Die Heidelbeeren von Stielen und Blättern befreien.

**3.** Etwas Fett in einer Pfanne zerlassen. 1/8 des Pfannkuchenteiges hineingeben. 1/8 der Früchte auf dem Teig verteilen. Pfannkuchen wie auf Seite 4 beschrieben von beiden Seiten backen und mit Puderzucker bestreuen.

### Variation:

Anstelle der Heidelbeeren können Sie auch andere kleine Beeren der Saison (z. B. rote oder schwarze Johannisbeeren, Walderdbeeren oder Preiselbeeren) verwenden.
*(auf dem Foto oben)*

## Zimtpfannküchlein mit Birnenkompott

- Zubereitungszeit: ca. 1 1/4 Std.
- Quellzeit: ca. 20 Min.
- ca. 1100 kcal je Portion
- Zum Verzieren: Zitronenjulienne (unbehandelt)

**<u>Für den Eierpfannkuchenteig:</u>**
**350 g Weizenmehl Type 405**
**80 g Zucker, 1 Prise Salz**
**6 Eier, 1/2 l Milch**
**1 TL Zimt, 200 g Rosinen**
**80 g Butter oder Margarine zum Ausbacken**
**<u>Für das Birnenkompott:</u>**
**4 Birnen, 2 EL Zitronensaft**
**1/8 l Rotwein, 50 g Zucker**
**1/2 Stange Zimt, 1 Stückchen Ingwer**
**2 Gewürznelken**
**1–2 TL Speisestärke**

**1.** Den Pfannkuchenteig wie auf Seite 4 beschrieben zubereiten, dabei den Zimt und die Rosinen darunterrühren; den Teig danach quellen lassen.

**2.** Die Birnen schälen, entkernen, in Stücke schneiden und anschließend mit Zitronensaft, Wein, Zucker und den Gewürzen in einem Topf zum Kochen bringen. Bei schwacher Hitze in etwa 10 Minuten weich dünsten.

**3.** Zimtstange, Ingwer und Gewürznelken herausnehmen und die Flüssigkeit mit der Speisestärke binden. Das Kompott mit Zitronensaft und Zucker abschmecken.

**4.** Aus dem Pfannkuchenteig wie auf Seite 4 beschrieben kleine Pfannküchlein backen, mit Zitronenjulienne bestreuen und mit dem Kompott anrichten.
*(auf dem Foto unten)*

FRUCHTIG-HERB

AROMATISCH

## Ananaspfannküchlein

- Zubereitungszeit: ca. 1 Std.
- Quellzeit: ca. 20 Min.
- ca. 1000 kcal je Portion
- Zum Verzieren: geröstete Kokosflocken

**Für den Eierpfannkuchenteig:**
**350 g Weizenmehl Type 405**
**80 g Zucker, 1 Prise Salz**
**6 Eier, 1/2 l Milch**
**1–2 EL Rum**
**50 g Kokosflocken**
**500 g Ananasstücke aus der Dose**
**80 g Butter oder Margarine zum Ausbacken**
**Außerdem:**
**200 ml süße Sahne**
**50 g Kokosflocken**

**1.** Pfannkuchenteig wie auf Seite 4 beschrieben zubereiten, dabei den Rum und die Kokosflocken darunterrühren; den Teig danach quellen lassen. Die Ananasstücke gut abtropfen lassen und ebenfalls darunterheben.

**2.** Etwas Fett in einer Pfanne zerlassen, jeweils 2 bis 3 Teigportionen hineingeben, und die Ananasküchlein wie auf Seite 4 beschrieben von beiden Seiten backen.

**3.** Die Sahne steif schlagen, Kokosflocken daruntermischen und auf jedes Pfannküchlein einen Kokos-Sahnetupfen setzen.

## Erdbeerpfannkuchen mit Kiwipüree

- Zubereitungszeit: ca. 1 Std.
- Quellzeit: ca. 20 Min.
- ca. 780 kcal je Portion
- Zum Verzieren: frische Kiwi- und Erdbeerscheiben

**Für den Eierpfannkuchenteig:**
**350 g Weizenmehl Type 405**
**80 g Zucker, 1 Prise Salz**
**6 Eier, 1/4 l Milch**
**1/4 l Mineralwasser**
**80 g Butter oder Margarine zum Ausbacken**
**Für die Fruchtpürees:**
**250 g Erdbeeren**
**4 Kiwis**
**4 EL Puderzucker**

**1.** Den Pfannkuchenteig wie auf Seite 4 beschrieben zubereiten, dabei das Mehl statt nur mit Milch mit Milch und Mineralwasser verrühren; den Teig quellen lassen.

**2.** Die Erdbeeren und die geschälten Kiwis nacheinander im Mixer pürieren. Beide Pürees mit je 2 Eßlöffeln Puderzucker süßen.

**3.** Die Pfannkuchen wie auf Seite 4 beschrieben backen und mit dem Erdbeerpüree bestreichen. Von rechts und links so aufrollen, daß noch etwas Erdbeerpüree in der Mitte zu sehen ist. Mit Kiwipüree umgießen und mit Kiwi- und Erdbeerscheiben verzieren.

## Pfannkuchenbeutel mit Pfirsichfüllung

- Zubereitungszeit: ca. 1 1/4 Std.
- Quellzeit: ca. 20 Min.
- Zeit zum Marinieren: 1/2 Std.
- ca. 400 kcal je Portion
- Zum Verzieren: Zimt

**<u>Für den Eierpfannkuchenteig:</u>**
**175 g Weizenmehl Type 405**
**40 g Zucker, 1 Prise Salz, 3 Eier**
**1/8 l Orangenbuttermilch (Fertigprodukt)**
**1/8 l Mineralwasser, 1 TL Zimt**
**60 g Butter oder Margarine zum Ausbacken**
**<u>Für die Pfirsichfüllung:</u>**
**2 kleine Pfirsiche, 4 cl Mandellikör**
**<u>Außerdem:</u>**
**1 verquirltes Eiweiß**
**ca. 125 ml Sahnesauce (Fertigprodukt)**

**1.** Den Pfannkuchenteig wie auf Seite 4 beschrieben zubereiten, dabei anstelle der Milch Buttermilch, Mineralwasser und Zimt unter das Mehl rühren. Den Teig danach quellen lassen.

**2.** Die Pfirsiche überbrühen, enthäuten, in Würfel schneiden, mit Mandellikör beträufeln; 1/2 Stunde marinieren.

**3.** Aus dem Pfannkuchenteig wie auf Seite 4 beschrieben 8 dünne Pfannkuchen backen. In die Mitte jedes Pfannkuchens einige Pfirsichwürfel geben. Die Fläche um die Füllung mit Eiweiß bestreichen. Den Pfannkuchen zu einem Beutel formen und mit Küchengarn verschnüren.

**4.** Die Pfannkuchenbeutel nebeneinander auf einen Siebeinsatz (z. B. Schnellkochtopf) setzen und ca. 3 Minuten dämpfen. Sie auf Teller setzen und mit der Sahnesauce umgießen.
*(auf dem Foto: oben)*

## Pfirsich-Pfannkuchenturm

- Zubereitungszeit: ca. 1 1/4 Std.
- Quellzeit: ca. 20 Min.
- ca. 950 kcal je Portion
- Zum Verzieren: Pistazien

**<u>Für den Eierpfannkuchenteig:</u>**
**350 g Weizenmehl Type 405**
**80 g Zucker**
**1 Prise Salz**
**6 Eier**
**1/2 l Milch**
**50 g gehackte Pistazien**
**80 g Butter oder Margarine zum Ausbacken**
**<u>Außerdem:</u>**
**4 Pfirsiche**
**2–3 EL Butter**
**100 g Zucker**

**1.** Den Pfannkuchenteig wie auf Seite 4 beschrieben zubereiten, die Pistazien darunterrühren; den Teig danach quellen lassen.

**2.** Die Pfirsiche überbrühen, enthäuten, entsteinen und in dünne Spalten schneiden. Butter und Zucker unter Rühren erhitzen, bis sich der Zucker gelöst hat und die Masse hellbraun ist. Dann die Pfirsichspalten in den Karamel geben, darin wenden und herausnehmen.

**3.** 8 Pfannkuchen wie auf Seite 4 beschrieben backen. 7 Pfannkuchen mit den Pfirsichspalten belegen, übereinander legen und mit dem letzten Pfannkuchen bedecken. Den restlichen Karamel über den Pfannkuchenturm gießen und mit den Pistazien bestreuen.
*(auf dem Foto: unten)*

NUSSIG

## Überbackene Pfirsich-Mohn-Pfannkuchenrolle

- Zubereitungszeit: ca. 1 1/2 Std.
- Quellzeit insgesamt: ca. 1/2 Std.
- ca. 820 kcal je Portion
- Zum Verzieren: Zitronenmelisseblättchen

**Für den Eierpfannkuchenteig:**
**175 g Weizenmehl Type 405**
**40 g Zucker, 1 Prise Salz**
**3 Eier, 1/4 l Milch**
**40 g Butter oder Margarine zum Ausbacken**
**Für die Pfirsich-Mohn-Füllung:**
**1/2 l Milch, 2 EL Zucker**
**2 P. Vanillepuddingpulver**
**125 g frisch gemahlener Mohn**
**4 Pfirsiche, 50 g gehackte Mandeln**
**Außerdem:**
**Fett für die Form, 2 EL Puderzucker**

**1.** Den Pfannkuchenteig wie auf Seite 4 beschrieben zubereiten und 20 Minuten quellen lassen.

**2.** Etwa 6 Eßlöffel Milch, Zucker und Puddingpulver verquirlen. Restliche Milch aufkochen, Puddingpulver und Mohn hineinrühren und alles unter ständigem Rühren 1 Minute erhitzen. Vom Herd ziehen, 10 Minuten quellen lassen.

**3.** Den Backofen auf 200 ° C vorheizen. Die Pfirsiche überbrühen, enthäuten, entsteinen und in kleine Würfel schneiden. Mit den Mandeln unter die Mohnmasse rühren.

**4.** 4 große dünne Pfannkuchen backen, mit der Mohn-Pfirsich-Masse bestreichen und aufrollen. Die Pfannkuchenrollen in eine gefettete Auflaufform legen, mit Puderzucker bestäuben und im Backofen bei 200 ° C etwa 10 bis 20 Minuten überbacken. Mit den Zitronenmelisseblättchen verzieren.
*(auf dem Foto oben)*

## Pfannkuchen mit Johannisbeerschnee

- Zubereitungszeit: ca. 1 1/2 Std.
- Quellzeit: ca. 20 Min.
- ca. 1000 kcal je Portion
- Zum Verzieren: Zitronenmelisseblättchen

**Für den Eierpfannkuchenteig:**
**350 g Weizenmehl Type 405**
**80 g Zucker**
**1 Prise Salz**
**6 Eier**
**1/2 l Milch**
**80 g Butter oder Margarine zum Ausbacken**
**Für den Johannisbeerschnee:**
**800 g rote Johannisbeeren**
**8 Eiweiße**
**300 g Zucker**

**1.** Den Pfannkuchenteig wie auf Seite 4 beschrieben zubereiten und quellen lassen.

**2.** Johannisbeeren mit einer Gabel von den Rispen streifen.

**3.** Die Eiweiße steif schlagen und mit dem Zucker süßen. Die Johannisbeeren darunterheben. Den Backofen auf 250°C vorheizen.

**4.** Pfannkuchen wie auf Seite 4 beschrieben backen und auf feuerfeste Teller oder ein Backblech legen. Den Johannisbeereischnee darauf streichen.

**5.** Das Ganze im Backofen etwa 10 Minuten überbacken, bis die Oberfläche fest und goldbraun ist. Mit den Zitronenmelisseblättchen anrichten.
*(auf dem Foto unten)*

AROMATISCH

LOCKER

## Mandelpfannkuchen mit Traubenfüllung

- Zubereitungszeit: ca. 1 1/4 Std.
- Quellzeit: ca. 20 Min.
- ca. 1150 kcal je Portion
- Zum Verzieren: in Zucker gewälzte Weintrauben

**Für den Eierpfannkuchenteig:**
**350 g Weizenmehl Type 405**
**80 g Zucker, 1 Prise Salz**
**6 Eier, 1/2 l Milch**
**50 g Mandelstifte**
**80 g Butter oder Margarine zum Ausbacken**
**Für die Traubenfüllung:**
**je 250 g grüne und blaue Weintrauben**
**1/4 l Weißwein**
**100 g Zucker, 2 Gewürznelken**
**1/4 l Rotwein, 2 TL Speisestärke**

**1.** Den Pfannkuchenteig wie auf Seite 4 beschrieben zubereiten, die Mandelstifte darunterrühren; den Teig danach quellen lassen.

**2.** Die Trauben entstielen und nach Belieben die Kerne entfernen. Die grünen Trauben mit dem Weißwein, 50 g Zucker und 1 Gewürznelke, die blauen Trauben mit dem Rotwein, dem restlichen Zucker und der zweiten Gewürznelke getrennt erhitzen und alles zugedeckt etwa 10 Minuten ziehen lassen. Die Traubenmischungen mit je einem Teelöffel Speisestärke binden.

**3.** Die Pfannkuchen wie auf Seite 4 beschrieben backen, jeden Pfannkuchen zweimal einschlagen und dann die Taschen mit den beiden Weintraubensaucen füllen. Je zwei Pfannkuchen mit in Zucker gewälzten Trauben anrichten.

# Kaffeepfannkuchen mit Aprikosenfüllung

- Zubereitungszeit: ca. 1 1/4 Std.
- Quellzeit: ca. 20 Min.
- ca. 940 kcal je Portion
- Zum Verzieren: Mokkabohnen

**Für den Eierpfannkuchenteig:**
**350 g Weizenmehl Type 405**
**80 g Zucker, 1 Prise Salz**
**6 Eier, 1/2 l Milch**
**2 EL Kaffeepulver (Instantprodukt)**
**80 g Butter oder Margarine zum Ausbacken**
**Für die Aprikosenfüllung:**
**1 kg Aprikosen**
**3 EL Zucker**
**Außerdem:**
**8 Kugeln Mokkaeis**

**1.** Den Pfannkuchenteig wie auf Seite 4 beschrieben zubereiten, das Kaffeepulver darunterrühren; den Teig quellen lassen.

**2.** Die Aprikosen überbrühen, enthäuten und entsteinen, in Spalten schneiden und 3/4 davon mit dem Zucker etwa 5 Minuten in 1/8 Liter Wasser köcheln lassen. Dann pürieren, und die restlichen Aprikosenspalten darin erwärmen.

**3.** Die Pfannkuchen wie auf Seite 4 beschrieben backen und je etwas Aprikosenkompott darauf geben, von beiden Seiten einschlagen oder zu einem Viertel falten, mit dem Eis anrichten und mit den Mokkabohnen verzieren.

## Backobstpfannkuchen

- Zubereitungszeit: ca. 1 1/4 Std.
- Quellzeit: ca. 20 Min.
- ca. 680 kcal je Portion
- Zum Verzieren: Zitronenmelisseblättchen

**Für den Eierpfannkuchenteig:**
**175 g Weizenmehl Type 405**
**2 EL Zucker, 1 Prise Salz, 3 Eier**
**1/4 l Buttermilch**
**40 g Butter oder Margarine**
**zum Ausbacken**
**Für die Backobstfüllung:**
**250 g gemischtes Backobst**
**je 100 ml Weißwein und Apfelsaft**
**1 TL Zitronensaft, 1 Stange Zimt**
**4 EL Zucker**
**10 g Butter oder Margarine**
**30 g gehobelte Mandeln**
**10 g Pistazien, 10 g Pinienkerne**

**1.** Den Pfannkuchenteig wie auf Seite 4 beschrieben zubereiten, dabei das Mehl anstelle mit Milch mit Buttermilch verrühren. Den Teig anschließend quellen lassen.

**2.** Das Backobst etwas zerkleinern, mit Weißwein, Apfelsaft, Zitronensaft, Zimt und 2 Eßlöffeln Zucker aufkochen. Bei mittlerer Hitze 10 bis 15 Minuten köcheln lassen.

**3.** Das Fett in einer Pfanne erhitzen und den restlichen Zucker darin unter Rühren auflösen. Mandeln, Pistazien und Pinienkerne dazugeben und kurz in der Pfanne bräunen und dann alles unter das Backobst mischen.

**4.** Wie auf Seite 4 beschrieben 4 Pfannkuchen backen. Das Kompott auf die Pfannkuchen verteilen und sie einmal zusammenklappen. Mit den Zitronenmelisseblättchen verzieren.
*(auf dem Foto: oben)*

## Pfannkuchen mit Granatapfel-Orangensauce

- Zubereitungszeit: ca. 1 1/4 Std.
- Quellzeit: ca. 20 Min.
- ca. 890 kcal. je Portion
- Zum Verzieren: Orangenschalenraspel

**Für den Eierpfannkuchenteig:**
**350 g Weizenmehl Type 405**
**80 g Zucker, 1 Prise Salz, 6 Eier**
**1/2 l Orangenbuttermilch (Fertigprodukt)**
**80 g Butter oder Margarine**
**zum Ausbacken**
**Für die Fruchtsauce:**
**1 Granatapfel, 4 Orangen**
**1 Vanilleschote**
**100 ml trockener Rotwein**
**50 g Zucker, 1–2 EL Speisestärke**

**1.** Den Pfannkuchenteig wie auf Seite 4 beschrieben zubereiten, dabei anstelle der Milch Orangenbuttermilch unter das Mehl rühren. Den Teig quellen lassen.

**2.** Den Granatapfel halbieren und die Kerne herauslösen. Eine Orange auspressen, die anderen drei schälen und die Schnitze filetieren. Vanilleschote der Länge nach halbieren, Orangensaft mit Rotwein, Vanilleschote und Zucker aufkochen. Die Granatapfelkerne hinzufügen und das Ganze etwa 5 Minuten köcheln lassen. Die Vanilleschote entfernen und die Flüssigkeit mit der Speisestärke binden. Die filetierten Orangenschnitze in der Sauce noch kurz erhitzen.

**3.** Die Pfannkuchen wie auf Seite 4 beschrieben backen, jeden zur Hälfte aufrollen und die Sauce auf die flache Hälfte gießen. Mit Orangenschalenraspeln bestreuen.
*(auf dem Foto: unten)*

AROMATISCH

## Maracujapfannkuchen

- Zubereitungszeit: ca. 3/4 Std.
- Quellzeit: ca. 20 Min.
- ca. 870 kcal je Portion
- Zum Verzieren: eventuell Orangenschalenraspel

**Für den Eierpfannkuchenteig:**
**350 g Weizenmehl Type 405**
**80 g Zucker, 1 Prise Salz, 6 Eier**
**1/2 l Maracujabuttermilch (Fertigprodukt)**
**80 g Butter oder Margarine zum Ausbacken**
**Für die Maracujasauce:**
**4 Maracujas, 30 g Butter**
**75 g Zucker**
**abgeriebene Schale und Saft von 1 unbehandelten Orange**
**Saft von 1 Zitrone**

**1.** Pfannkuchenteig wie auf Seite 4 beschrieben zubereiten, dabei anstelle der Milch die Maracujabuttermilch unter das Mehl rühren. Den Teig danach quellen lassen.

**2.** Passionsfrüchte halbieren, das Fruchtfleisch herauslösen und zusammen mit der Butter und dem Zucker unter Rühren aufkochen, bis sich der Zucker gelöst hat. Orangenschale und -saft sowie Zitronensaft darunterrühren und alles weitere 2 bis 3 Minuten kochen.

**3.** Die Pfannkuchen wie auf Seite 4 beschrieben backen und halbieren. Die Hälften zu Tüten aufrollen und mit der Passionsfruchtsauce füllen. Nach Belieben mit Orangenschalenraspeln verzieren.

## Gratinierte Pfannkuchen mit exotischen Früchten

- Zubereitungszeit: ca. 1 1/4 Std.
- Quellzeit: ca. 20 Min.
- ca. 860 kcal je Portion
- Zum Verzieren: Pfefferminzblättchen

**Für den Eierpfannkuchenteig:**
**350 g Weizenmehl Type 405**
**80 g Zucker, 1 Prise Salz**
**6 Eier, 1/2 l Milch**
**Mark von 1 Vanilleschote**
**80 g Butter oder Margarine zum Ausbacken**
**Außerdem:**
**1 Papaya, 1 Mango**
**2 Kiwis, 1 Granatapfel**
**1 Karambole (Sternfrucht)**
**6 EL Puderzucker**
**2 EL brauner Rum**

**1.** Den Pfannkuchenteig wie auf Seite 4 beschrieben zubereiten, dabei das Vanillemark darunterrühren; den Teig danach quellen lassen. Den Backofengrill vorheizen.

**2.** Papaya, Mango und Kiwis schälen. Papaya längs halbieren, entkernen, quer halbieren und in Spalten schneiden. Mangofruchtfleisch in Spalten vom Stein schneiden und würfeln. Die Kiwis in Scheiben schneiden. Granatapfel halbieren und die Kerne herauslösen. Karambole waschen und in Scheiben schneiden. Nun das Obst mischen, mit 2 Eßlöffeln Puderzucker und dem Rum abschmecken.

**3.** Die Pfannkuchen wie auf Seite 4 beschrieben backen. Den Obstsalat auf die Pfannkuchen verteilen, je 1/2 Eßlöffel Puderzucker darüberstäuben und sie unter dem heißen Grill kurz gratinieren. Mit den Pfefferminzblättchen anrichten.

# VOLLKORN- UND BUCH- WEIZEN- PFANN- KUCHEN

**Klassische Eierpfannkuchen und Crêpes sind bei jung und alt bekannt und beliebt, Pfannkuchen aus einem hoch ausgemahlenen oder Buchweizenmehl dagegen für viele eine Neuentdeckung. Sie haben einen intensiven Eigengeschmack, der je nach Mehlsorte immer wieder variiert.**

## Vollkorn-pfannkuchenteig

- Zubereitungszeit: ca. 3/4 Std.
- Quellzeit: ca. 1/2 Std.
- ca. 410 kcal je Portion

**200 g Weizenmehl oder andere hochausgemahlene Mehlsorten (z. B. Type 1700, 1050)**
**2 TL Backpulver**
**1 Prise Salz**
**4 Eier**
**1/2 l Milch**
**60 g Butter oder Margarine zum Ausbacken**

**1.** Mehl, Backpulver und Salz in eine Schüssel geben. In die Mitte eine Mulde drücken.

**2.** Die Eier trennen, Eigelbe in die Mulde geben und mit dem Mehl verrühren, dann die Milch nach und nach darunterrühren; dabei dürfen keine Klümpchen entstehen. Den Teig etwa 1/2 Stunde quellen lassen.

**3.** Die Eiweiße steif schlagen und unter den Teig ziehen.

**4.** 1 Eßlöffel Fett in einer Pfanne (ca. 20 cm Durchmesser) erhitzen. Jeweils 1/6 des Teiges (ca. 1 1/2 Suppenkellen) entweder in 3 kleinen Teighäufchen oder insgesamt in die Pfanne geben. Die Pfannkuchen bei mittlerer Hitze von beiden Seiten goldbraun backen.
*(auf dem Foto: oben)*

# Buchweizen-pfannkuchenteig

- Zubereitungszeit: ca. 3/4 Std.
- Quellzeit: ca. 1/2 Std.
- ca. 400 kcal je Portion

**65 g Buchweizenmehl**
**100 g Weizenmehl Type 405**
**65 g Weizenbackschrot Type 1700**
**1 P. Vanillesaucenpulver**
**2 TL Backpulver**
**1 P. Vanillezucker**
**1 Prise Salz**
**3 Eier**
**1/2 l Milch**
**60 g Butter oder Margarine zum Ausbacken**

**1.** Mehlsorten, Vanillesaucenpulver, Backpulver, Vanillezucker und Salz in eine Schüssel geben. In die Mitte eine Mulde drücken.

**2.** Die Eier trennen. Die Eigelbe in die Mulde geben und mit dem Mehl verrühren. Dann die Milch nach und nach darunterrühren; dabei dürfen keine Klümpchen entstehen. Anschließend den Teig 1/2 Stunde quellen lassen.

**3.** Die Eiweiße steif schlagen und unter den Teig ziehen.

**4.** 1 Eßlöffel Fett in einer Pfanne (ca. 20 cm Durchmesser) erhitzen. Jeweils 1/6 des Teiges (ca. 1 1/2 Suppenkellen) entweder in drei Teighäufchen oder insgesamt in die Pfanne geben und bei mittlerer Hitze von der Unterseite backen. Wenn der Pfannkuchen beginnt, knusprig braun zu werden und sich leicht von der Pfanne löst, wenden und fertig backen.
*(auf dem Foto: unten)*

**Tip:**
Die verschiedenen Mehlsorten bekommen Sie im Reformhaus, in Bio- oder Naturkostläden oder Naturkostabteilungen größerer Supermärkte.

# Mirabellenpfannkuchen

- Zubereitungszeit: ca. 1 Std.
- Quellzeit: ca. 1/2 Std.
- ca. 690 kcal je Portion
- Zum Verzieren: Pfefferminzblättchen

**Für den Vollkornpfannkuchenteig:**
**3 Kapseln Kardamom (ersatzweise 1 Prise Kardamompulver)**
**200 g Weizenmehl Type 1050**
**2 TL Backpulver**
**1 Prise Salz**
**4 Eier**
**1/2 l Milch**
**60 g Butter oder Margarine zum Ausbacken**
**Außerdem:**
**500 g Mirabellen**
**300 g Sahnejoghurt**
**2–3 EL Ahornsirup**

**1.** Die Kardamomsamen aus den Kapseln lösen und im Mörser zerkleinern. Den Pfannkuchenteig wie auf Seite 20 beschrieben zubereiten, dabei den Kardamom darunterrühren und den Teig anschließend quellen lassen.

**2.** Die Mirabellen entsteinen und halbieren.

**3.** Etwas Fett in einer Pfanne zerlassen. Drei Teighäufchen hineingeben. Einige Mirabellen auf dem Teig verteilen. Die Pfannkuchen wie auf Seite 20 beschrieben von beiden Seiten backen.

**4.** Den Joghurt und den Ahornsirup verrühren, je einen Klacks auf die fertigen Pfannkuchen geben und sie mit den Pfefferminzblättchen verzieren.

## Haferpfannkuchen mit Reneklodenkompott

- Zubereitungszeit: ca. 1 1/4 Std.
- Quellzeit: ca. 1/2 Std.
- ca. 620 kcal je Portion
- Zum Verzieren: Pfefferminzblättchen

**Für den Vollkornpfannkuchenteig:**
**150 g kernige Vollkornhaferflocken**
**50 g Weizenmehl Type 1050**
**2 TL Backpulver, 1 Prise Salz**
**4 Eier, 1/2 l Dickmilch (3,5 % Fett)**
**60 g Butter oder Margarine zum Ausbacken**
**Für das Reneklodenkompott:**
**750 g Renekloden**
**4 EL Apfeldicksaft**
**2 Nelken**
**2 EL Marillenlikör**
**1 EL Speisestärke**

**1.** Den Pfannkuchenteig wie auf Seite 20 beschrieben zubereiten, dabei statt der Milch Dickmilch unter das Mehl und die Haferflocken rühren. Den Teig anschließend quellen lassen.

**2.** Die Renekloden entsteinen, vierteln und mit Apfeldicksaft, Nelken und Marillenlikör aufkochen. 2 bis 4 Minuten köcheln lassen, dann mit der Speisestärke binden.

**3.** Die Pfannkuchen wie auf Seite 20 beschrieben backen. Das Kompott darauf verteilen, Pfannkuchen einmal zusammenklappen und mit den Pfefferminzblättchen anrichten.

## Roggenpfannkuchen mit Stachelbeercreme

- Zubereitungszeit: ca. 1 1/4 Std.
- Quellzeit: ca. 1/2 Std.
- ca. 570 kcal je Portion
- Zum Verzieren: geschälte, ungesalzene Kürbiskerne

**Für den Vollkornpfannkuchenteig:**
**150 g Roggenmehl Type 1150**
**50 g Weizenmehl Type 1050**
**2 TL Backpulver, 1 Prise Salz**
**4 Eier, 1/2 l Milch**
**50 g geschälte Kürbiskerne**
**(gibt es im Reformhaus)**
**60 g Butter oder Margarine**
**zum Ausbacken**
**Für die Stachelbeercreme:**
**500 g Stachelbeeren, 2 EL Honig**
**1/8 l Apfelsaft, 2 Eier**
**1 P. Vanillepuddingpulver**

**1.** Den Pfannkuchenteig wie auf Seite 20 beschrieben zubereiten, die Kürbiskerne hacken und unter den Teig mischen und den Teig quellen lassen.

**2.** Die Stachelbeeren mit Honig und 4 Eßlöffeln Apfelsaft aufkochen, bei schwacher Hitze etwa 10 Minuten nicht zu weich kochen.

**3.** Die Eier trennen. Puddingpulver im restlichen Apfelsaft mit den Eigelben anrühren, unter die Stachelbeeren rühren und das Ganze einmal aufkochen. Die Eiweiße steif schlagen und unter die heißen Beeren ziehen.

**4.** Die Pfannkuchen wie auf Seite 20 beschrieben backen. Stachelbeercreme darauf verteilen, Pfannkuchen einmal zusammenklappen und mit den Kürbiskernen bestreuen.
*(auf dem Foto: oben)*

## Roggenpfannkuchen zu Melonenspalten

- Zubereitungszeit: ca. 1 Std.
- Quellzeit: ca. 1/2 Std.
- Marinierzeit: ca. 1 Std.
- ca. 490 kcal je Portion
- Zum Verzieren: Zitronenmelisseblättchen

**Für den Vollkornpfannkuchenteig:**
**150 g Roggenmehl Type 1150**
**50 g Weizenmehl Type 1050**
**2 TL Backpulver**
**1 Prise Salz**
**4 Eier**
**1/2 l Zitronenbuttermilch (Fertigprodukt)**
**60 g Butter oder Margarine**
**zum Ausbacken**
**Außerdem:**
**1 Honigmelone**
**4 EL Portwein**

**1.** Den Pfannkuchenteig wie auf Seite 20 beschrieben zubereiten, dabei anstelle der Milch Buttermilch unter das Mehl rühren. Den Teig quellen lassen.

**2.** Die Melone halbieren, entkernen, schälen und das Melonenfleisch in Spalten schneiden. Melonenspalten mit Portwein beträufeln und etwa 1 Stunde marinieren.

**3.** Die Pfannkuchen wie auf Seite 20 beschrieben backen. Mit den Melonenspalten belegen, einmal zusammenklappen und mit Zitronenmelisseblättchen verzieren.
*(auf dem Foto: unten)*

### Variation:

Anstelle der Honigmelone können Sie auch andere Melonen (z.B. Ananas- oder Kantalupmelone) oder eine Mango verwenden.

CREMIG

AROMATISCH

## AROMATISCH

## VOLLWERTIG

## Ananaspfannkuchen

- Zubereitungszeit: ca. 1 Std.
- Quellzeit: ca. 1/2 Std.
- ca. 800 kcal je Portion
- Zum Verzieren: Krokant

**Für den Vollkornpfannkuchenteig:**
**125 g Gerstenvollkornmehl (Reformhaus)**
**75 g Weizenmehl Type 1050**
**2 TL Backpulver**
**1 Prise Salz**
**4 Eier**
**1/2 l Milch**
**1 Prise Piment**
**60 g Butter oder Margarine zum Ausbacken**
**Außerdem:**
**1 Ananas**
**200 g süße Sahne**
**1 EL Rum**
**50 g gemahlene Mandeln**
**1 EL Ahornsirup**

**1.** Den Pfannkuchenteig wie auf Seite 20 beschrieben zubereiten, dabei den Piment darunterrühren; den Teig anschließend quellen lassen.

**2.** Die Ananas schälen, in 10 dünne Scheiben schneiden und den harten Strunk herauslösen.

**3.** Etwas Fett in einer Pfanne erhitzen. Jeweils soviel Teig hineingeben, daß ein Ananasring hineinpaßt. Den Pfannkuchen 1 Minute backen, dann den Ananasring darauf legen. Sobald der Pfannkuchen von der Unterseite braun wird, wenden und von der anderen Seite ebenso backen.

**4.** Die Sahne steif schlagen, Rum, Mandeln und Ahornsirup daruntermischen. Die Ananaspfannkuchen mit der Sahne anrichten und mit dem Krokant bestreuen.
*(auf dem Foto oben)*

## Kirschpfannkuchen mit Ingwersahne

- Zubereitungszeit: ca. 1 Std.
- Quellzeit: ca. 1/2 Std.
- ca. 620 kcal je Portion
- Zum Verzieren: Pfefferminzblättchen

**Für den Vollkornpfannkuchenteig:**
**150 g Roggenmehl Type 1150**
**50 g Weizenmehl Type 1050**
**2 TL Backpulver**
**1 Prise Salz**
**4 Eier**
**1/2 l Milch**
**60 g Butter oder Margarine zum Ausbacken**
**Für die Ingwersahne:**
**1–2 EL eingelegter Ingwer**
**200 g süße Sahne**
**1–2 TL Ingwersirup**
**Außerdem:**
**500 g Süßkirschen**

**1.** Den Pfannkuchenteig wie auf Seite 20 beschrieben zubereiten und quellen lassen.

**2.** Den Ingwer sehr fein würfeln. Die Sahne steif schlagen, mit Ingwersirup abschmecken und die Ingwerwürfel daruntérziehen. Die Kirschen entsteinen.

**3.** Etwas Fett in einer Pfanne zerlassen, jeweils etwa 1 1/2 Suppenkellen Pfannkuchenteig hineingießen, einige Früchte auf dem Teig verteilen. Den Pfannkuchen von beiden Seiten wie auf Seite 20 beschrieben backen. Die restlichen Pfannkuchen in gleicher Weise backen.

**4.** Auf jeden Pfannkuchen etwas Ingwersahne geben und sie mit den Pfefferminzblättchen verzieren.
*(auf dem Foto unten)*

# Grapefruit-Pfannkuchenfächer

- Zubereitungszeit: ca. 1 Std.
- Quellzeit: ca. 1/2 Std.
- ca. 500 kcal je Portion
- Zum Verzieren: Grapefruitfilets

**Für den Vollkornpfannkuchenteig:**
**150 g Vollkornhaferflocken**
**50 g Weizenmehl Type 1050**
**2 TL Backpulver**
**1 Prise Salz**
**4 Eier**
**1/2 l Milch**
**60 g Butter oder Margarine zum Ausbacken**
**Außerdem:**
**3 rosafarbene Grapefruits**
**3 EL Zucker**

**1.** Den Pfannkuchenteig wie auf Seite 20 beschrieben zubereiten und quellen lassen.

**2.** Die Grapefruits halbieren und die halben Filets mit einem Grapefruitlöffel herauslösen, dabei den Saft auffangen.

**3.** Zucker in einer Pfanne unter Rühren hellbraun werden lassen. Grapefruitfilets darin 1/2 Minute dünsten. Alles mit dem Grapefruitsaft ablöschen und etwas einkochen lassen.

**4.** Die Pfannkuchen wie auf Seite 20 beschrieben backen und wie Tortenstücke aufschneiden, diese fächerförmig übereinanderlegen, die Grapefruitsauce darübergeben und mit Grapefruitscheiben anrichten.

# Überbackener Roggen-Doppeldecker mit Grapefruit

- Zubereitungszeit: ca. 1 ¼ Std.
- Quellzeit: ca. ½ Std.
- ca. 720 kcal je Portion
- Zum Verzieren: eventuell filetierte Grapefruitspalten

**Für den Vollkornpfannkuchenteig:**
**150 g Roggenmehl Type 1150**
**50 g Weizenmehl Type 1050**
**2 TL Backpulver, 1 Prise Salz**
**4 Eier, ½ l Milch**
**Mark von 1 Vanilleschote**
**60 g Butter oder Margarine zum Ausbacken**
**Außerdem:**
**2 Grapefruits, 4 EL flüssiger Honig**
**4 Eier, 100 g süße Sahne**

**1.** Den Pfannkuchenteig wie auf Seite 20 beschrieben zubereiten, dabei das Vanillemark unterrühren, danach den Teig quellen lassen.

**2.** Die Grapefruits filetieren, mit 2 Eßlöffeln Honig beträufeln und etwa ½ Stunde ziehen lassen. Den Backofen auf 200 °C vorheizen.

**3.** 8 Pfannkuchen wie auf Seite 20 beschrieben backen. Auf 4 davon Grapefruitfilets verteilen und mit je einem zweiten Pfannkuchen bedecken. Jeden Doppeldecker in eine flache runde Auflaufform oder auf einen feuerfesten Teller legen.

**4.** Eier, Sahne und den restlichen Honig verquirlen und das Ganze über die Doppeldecker gießen. Im Backofen 20 bis 30 Minuten überbacken.

## Pflaumentüten

- Zubereitungszeit: ca. 1 1/4 Std.
- Quellzeit: ca. 1/2 Std.
- ca. 640 kcal je Portion
- Zum Verzieren: Mandelblättchen

**Für den Vollkornpfannkuchenteig:**
**200 g Weizenmehl Type 1050**
**2 TL Backpulver**
**1 Prise Salz**
**4 Eier**
**1/2 l Milch**
**50 g gehackte Mandeln**
**60 g Butter oder Margarine**
**zum Ausbacken**
**Für das Pflaumenkompott:**
**750 g Pflaumen**
**4 EL Zucker**
**1–2 EL Zitronensaft**
**1 Zimtstange**
**1 TL Speisestärke**
**5 EL Rotwein**

**1.** Den Pfannkuchenteig wie auf Seite 20 beschrieben zubereiten, dabei die Mandeln darunterrühren. Den Teig quellen lassen.

**2.** Pflaumen halbieren und entsteinen. Zucker in einen Topf streuen und unter Rühren solange erhitzen, bis er geschmolzen und hellbraun ist. Dann die Pflaumen, Zitronensaft und Zimt darunterrühren. Das Ganze 5 bis 10 Minuten kochen. Speisestärke und Wein verquirlen, unter die Pflaumen rühren, das Ganze einmal aufkochen und mit Zitronensaft und Zucker abschmecken. Die Zimtstange entfernen.

**3.** Die Pfannkuchen wie auf Seite 20 beschrieben backen. Jeden Pfannkuchen zur Hälfte mit dem Pflaumenkompott belegen, jeweils zu einer Tüte zusammenfalten und mit Mandelblättchen bestreuen.
*(auf dem Foto: oben)*

## Pflaumenpfannkuchen mit Ingwercreme

- Zubereitungszeit: ca. 1 1/4 Std.
- Quellzeit: ca. 1/2 Std.
- ca. 620 kcal je Portion
- Zum Verzieren: Zitronenmelisseblättchen

**Für den Vollkornpfannkuchenteig:**
**150 g Dinkelvollkornmehl (Reformhaus)**
**50 g Weizenmehl Type 1050**
**2 TL Backpulver**
**1 Prise Salz**
**4 Eier**
**1/2 l Milch**
**1 pflaumengroßes Stück frischer Ingwer**
**60 g Butter oder Margarine**
**zum Ausbacken**
**Für die Ingwercreme:**
**ca. 2 EL eingelegter Ingwer**
**150 g Crème double**
**1–2 TL Ingwersirup**
**Außerdem:**
**500 g Pflaumen**

**1.** Den Pfannkuchenteig wie auf Seite 20 beschrieben zubereiten, den frischen Ingwer schälen, fein raspeln, darunterrühren, dann den Teig quellen lassen.

**2.** Den eingelegten Ingwer sehr fein würfeln, unter die Crème double rühren und mit Ingwersirup abschmecken.

**3.** Pflaumen halbieren und entsteinen. Etwas Fett in einer Pfanne zerlassen, jeweils etwa 1 1/2 Suppenkellen vom Pfannkuchenteig hineingießen und 1/6 der Früchte auf dem Teig verteilen. Pfannkuchen wie auf Seite 20 beschrieben auf beiden Seiten backen.

**4.** Auf jeden Pfannkuchen etwas Ingwercreme geben.
*(auf dem Foto: unten)*

AROMATISCH

## Dinkelpfannkuchentüten mit Traubenfüllung

- Zubereitungszeit: ca. 1 Std.
- Quellzeit: ca. 1/2 Std.
- ca. 690 kcal je Portion
- Zum Verzieren: Orangenschalenraspel

**Für den Vollkornpfannkuchenteig:**
**150 g Dinkelvollkornmehl (Reformhaus)**
**50 g Weizenmehl Type 1050**
**2 TL Backpulver, 1 Prise Salz, 4 Eier**
**1/2 l Orangenbuttermilch (Fertigprodukt)**
**60 g Butter oder Margarine**
**zum Ausbacken**
**Für die Traubenfüllung:**
**750 g Weintrauben**
**4 EL Zucker, 1–2 EL Zitronensaft**
**3–5 Gewürznelken**
**1/8 l Weißwein**
**1–2 EL Speisestärke**

**1.** Den Pfannkuchenteig wie auf Seite 20 beschrieben zubereiten, dabei statt der Milch Orangenbuttermilch unter das Mehl rühren und den Teig anschließend quellen lassen.

**2.** Die Weintrauben von den Stielen zupfen. Mit Zucker, Zitronensaft und Nelken in Weißwein aufkochen und dann mit der Speisestärke binden.

**3.** Die Pfannkuchen wie auf Seite 20 beschrieben backen, zu Tüten formen, mit dem Weintraubenkompott füllen und mit den Orangenschalenraspeln bestreuen.

## Orangenscheiterhaufen

- Zubereitungszeit: ca. 1 Std.
- Quellzeit: ca. 1/2 Std.
- Zeit zum Durchziehen: ca. 1/2 Std.
- ca. 480 kcal je Portion
- Zum Verzieren: Zitronenmelisseblättchen

**Für den Vollkornpfannkuchenteig:**
**125 g Gerstenvollkornmehl (Bioladen, Reformhaus)**
**75 g Weizenmehl Type 1050**
**2 TL Backpulver, 1 Prise Salz**
**4 Eier, 1/2 l Milch**
**1 TL Zimt**
**60 g Butter oder Margarine zum Ausbacken**
**Außerdem:**
**3 Orangen**
**6 cl Orangenlikör**

**1.** Den Pfannkuchenteig wie auf Seite 20 beschrieben zubereiten, dabei den Zimt darunterrühren, den Teig danach quellen lassen.

**2.** Die Orangen schälen, filetieren, mit Orangenlikör beträufeln und etwa 1/2 Stunde ziehen lassen.

**3.** Etwa 2 Eßlöffel Fett in einer Pfanne zerlassen. Jeweils 1/3 des Teiges hineinfüllen und von beiden Seiten goldbraun backen.

**4.** Die Pfannkuchen in breite Streifen schneiden, abwechselnd mit den Orangenfilets auf 4 Tellern anrichten und mit Zitronenmelisseblättchen verzieren.

## Gerstenpfannkuchen mit Apfel-Mascarpone-Füllung

Zubereitungszeit: ca. 1 1/4 Std.

Quellzeit: ca. 1/2 Std.

ca. 670 kcal je Portion

Zum Verzieren: Apfelspalten

**Für den Vollkornpfannkuchenteig:**
**125 g Gerstenvollkornmehl**
**75 g Weizenmehl Type 1050**
**2 TL Backpulver, 1 Prise Salz**
**4 Eier, 1/2 l Milch**
**1 Prise Kardamompulver**
**60 g Butter oder Margarine zum Ausbacken**
**Für die Apfel-Käse-Füllung:**
**500 g Äpfel, 1 unbehandelte Zitrone**
**1 P. Vanillezucker**
**250 g Mascarpone**

**1.** Den Pfannkuchenteig wie auf Seite 20 beschrieben zubereiten, dabei das Kardamompulver unterrühren. Den Teig quellen lassen.

**2.** Die Äpfel in Stücke schneiden. Die Zitrone heiß waschen und die Schale in einer Spirale abschälen. Eine Zitronenhälfte auspressen.

**3.** Die Äpfel mit Zitronensaft, 3 bis 4 Eßlöffeln Wasser, Vanillezucker und Zitronenspirale aufkochen. Sie bei schwacher Hitze 5 bis 10 Minuten weich, aber nicht breiig kochen.

**4.** Zitronenschale entfernen und Kompott etwas abkühlen lassen, Mascarpone darunterrühren.

**5.** Pfannkuchen wie auf Seite 20 backen. Apfel-Mascarpone-Masse darauf verteilen, Pfannkuchen zusammenklappen und mit den Apfelspalten garnieren.
*(auf dem Foto: oben)*

## Buchweizenpfannkuchen mit Papayaspalten

Zubereitungszeit: ca. 3/4 Std.

Quellzeit: ca. 1/2 Std.

Zeit zum Durchziehen: ca. 1/2 Std.

ca. 620 kcal je Portion

Zum Verzieren: Pfefferminzblättchen

**Für den Buchweizenpfannkuchenteig:**
**65 g Buchweizenmehl**
**65 g Weizenmehl Type 1050**
**100 g Weizenmehl Type 405**
**1 P. Vanillesaucenpulver**
**2 TL Backpulver, 1 P. Vanillezucker**
**1 Prise Salz, 3 Eier, 1/2 l Milch**
**50 g gemahlene Mandeln**
**60 g Butter oder Margarine zum Ausbacken**
**Für die Vanillesauce:**
**1 P. Vanillesauce zum Kochen**
**300 ml Milch, 2 EL Zucker**
**Außerdem:**
**2 Papayas (à 400 g)**
**1 EL Puderzucker, 1 EL Rum**

**1.** Den Pfannkuchenteig wie auf Seite 21 beschrieben zubereiten, dabei die Mandeln darunterrühren. Den Teig danach quellen lassen.

**2.** Vanillesaucenpulver mit 2 Eßlöffeln Milch und Zucker verquirlen. Restliche Milch aufkochen. Saucenpulver hineinrühren, unter Rühren erneut aufkochen, abkühlen lassen.

**3.** Die Papayas schälen, in Spalten schneiden, mit Puderzucker bestäuben und mit Rum beträufeln. Etwa 1/2 Stunde durchziehen lassen.

**4.** Pfannkuchen wie auf Seite 21 backen. Jeden mit einem Papayafächer belegen und mit Pfefferminzblättchen verzieren. Dazu Vanillesauce reichen.
*(auf dem Foto: unten)*

EXOTISCH

## Buchweizen-Rhabarber-Pfannkuchen

- Zubereitungszeit: ca. 1 Std.
- Quellzeit: ca. 1/2 Std.
- ca. 540 kcal je Portion
- Zum Verzieren: Orangenscheiben

**Für den Buchweizenpfannkuchenteig:**
**65 g Buchweizenmehl**
**65 g Weizenmehl Type 1050**
**100 g Weizenmehl Type 405**
**1 P. Vanillesaucenpulver**
**2 TL Backpulver**
**1 P. Vanillezucker**
**1 Prise Salz, 3 Eier**
**1/2 l Orangenbuttermilch**
**60 g Butter oder Margarine zum Ausbacken**
**Außerdem:**
**500 g Rhabarber, 6 EL Ahornsirup**

**1.** Den Pfannkuchenteig wie auf Seite 21 beschrieben zubereiten, dabei anstelle der Milch Orangenbuttermilch unter das Mehl rühren. Den Teig anschließend quellen lassen.

**2.** Den Rhabarber in Scheiben schneiden.

**3.** Etwas Fett in einer Pfanne erhitzen. Einige der Rhabarberscheiben darin kurz anbraten, zu drei Häufchen zusammenschieben und jedes mit Teig bedecken. Von beiden Seiten backen. Die restlichen Pfannkuchen genauso backen.

**4.** Etwas Ahornsirup über die fertigen Pfannkuchen gießen und mit den Orangenscheiben anrichten.

# Buchweizenpfannkuchen mit Granatapfelsauce

- Zubereitungszeit: ca. 1 Std.
- Quellzeit: ca. $^1/_2$ Std.
- ca. 620 kcal je Portion
- Zum Verzieren: Physalis (Kapstachelbeeren)

**Für den Buchweizenpfannkuchteig:**
**65 g Buchweizenmehl**
**65 g Weizenmehl Type 1050**
**100 g Weizenmehl Type 405**
**1 P. Vanillesaucenpulver**
**2 TL Backpulver**
**1 P. Vanillezucker**
**1 TL Zimt, 1 Prise Salz**
**3 Eier, $^1/_2$ l Milch**
**60 g Butter oder Margarine zum Ausbacken**

**Für die Granatapfelsauce:**
**1 großer Granatapfel, 80 g Zucker**
**Saft von 1 Zitrone**
**1 Zimtstange**
**200 ml trockener Rotwein**
**200 g Physalis (Kapstachelbeeren)**

**1.** Den Pfannkuchenteig wie auf Seite 21 beschrieben zubereiten, dabei den Zimt darunterrühren; den Teig quellen lassen.

**2.** Den Granatapfel halbieren und die Kerne herauslösen. Mit Zucker, Zitronensaft, Zimt und Rotwein aufkochen. Bei schwacher Hitze die Flüssigkeit auf etwa die Hälfte einkochen. Die Physalis aus den Blütenblättern lösen, halbieren, in die Sauce geben und das Ganze einmal aufkochen.

**3.** Die Pfannkuchen wie auf Seite 21 beschrieben backen, zweimal zusammenklappen und dann mit der Sauce und den Stachelbeeren anrichten.

## Preiselbeerpfannkuchen

- Zubereitungszeit: ca. 1 Std.
- Quellzeit: ca. 1/2 Std.
- Zeit zum Durchziehen: ca. 1/2 Std.
- ca. 740 kcal je Portion
- Zum Verzieren: Zitronenmelisseblättchen

**Für den Buchweizenpfannkuchenteig:**
**65 g Buchweizenmehl**
**65 g Weizenmehl Type 1050**
**100 g Weizenmehl Type 405**
**1 P. Vanillesaucenpulver**
**2 TL Backpulver, 1 P. Vanillezucker**
**1 Prise Salz, 3 Eier, 1/2 l Milch**
**60 g Butter oder Margarine zum Ausbacken**
**Für die Preiselbeeren:**
**250 g frische Preiselbeeren**
**2 P. Vanillezucker**
**Außerdem:**
**450 g Sahnejoghurt**
**200 g Preiselbeeren aus dem Glas**
**4 EL Rotwein, 1 P. Vanillezucker**

**1.** Den Pfannkuchenteig wie auf Seite 21 beschrieben zubereiten und quellen lassen.

**2.** Die Preiselbeeren mit 2 Päckchen Vanillezucker mischen und etwa 1/2 Stunde ziehen lassen. Die Beeren unter den Pfannkuchenteig heben und Pfannkuchen wie auf Seite 21 beschrieben backen.

**3.** Joghurtmolke abgießen, den Joghurt cremig rühren, Preiselbeeren, Rotwein und den restlichen Vanillezucker darunterrühren.

**4.** Die Pfannkuchen zur Hälfte mit dem Preiselbeerjoghurt bestreichen, zweimal zusammenklappen und mit den Zitronenmelisseblättchen verzieren.
*(auf dem Foto: oben)*

## Buchweizen-Aprikosenröllchen

- Zubereitungszeit: ca. 1 1/4 Std.
- Quellzeit: ca. 1/2 Std.
- ca. 520 kcal je Portion
- Zum Verzieren: Krokant

**Für die Aprikosenfüllung:**
**400 g getrocknete Aprikosen**
**Saft von 2–3 Zitronen**
**75 g gemahlene Mandeln**
**Für den Buchweizenpfannkuchenteig:**
**65 g Buchweizenmehl**
**65 g Weizenmehl Type 1050**
**100 g Weizenmehl Type 405**
**1 P. Vanillesaucenpulver**
**2 TL Backpulver, 1 P. Vanillezucker**
**1 Prise Salz, 3 Eier, 1/2 l Milch**
**60 g Butter oder Margarine zum Ausbacken**
**Außerdem:**
**60 g Butter oder Margarine zum Braten**
**125 ml Sahnesauce (Fertigprodukt)**

**1.** Die Aprikosen heiß abwaschen, abtrocknen, in sehr feine Würfel schneiden und mit Zitronensaft mischen. 2 Stunden ziehen lassen.

**2.** Den Pfannkuchenteig wie auf Seite 21 beschrieben zubereiten und backen.

**3.** Die Mandeln unter die Aprikosen mischen und die Masse auf den fertigen Pfannkuchen verstreichen. Die Pfannkuchen aufrollen und in Scheiben schneiden.

**4.** Die Hälfte des Fettes in einer Pfanne erhitzen. Die Hälfte der Pfannkuchenscheiben darin von beiden Seiten goldgelb braten. Die restlichen Pfannkuchenrollen ebenso braten.

**5.** Die Aprikosenröllchen auf der Sahnesauce anrichten und mit Krokant bestreuen.
*(auf dem Foto: unten)*

VOLLMUNDIG

## Buchweizenpfannkuchen mit Erdbeerquark

- Zubereitungszeit: ca. 1 Std.
- Quellzeit: ca. 1/2 Std.
- ca. 710 kcal je Portion
- Zum Verzieren: Erdbeerhälften

**Für den Buchweizenpfannkuchenteig:**
**65 g Buchweizenmehl**
**65 g Weizenmehl Type 1050**
**100 g Weizenmehl Type 405**
**1 P. Vanillesaucenpulver**
**2 TL Backpulver**
**1 P. Vanillezucker, 1 Prise Salz**
**3 Eier, 1/2 l Milch**
**60 g Butter oder Margarine**
**zum Ausbacken**
**Für den Erdbeerquark:**
**500 g Erdbeeren**
**500 g Sahnequark, 2 EL Honig**
**2 EL Zitronensaft, 1 TL Vanillearoma**

**1.** Den Pfannkuchenteig wie auf Seite 21 beschrieben zubereiten und quellen lassen.

**2.** Erdbeeren im Mixer pürieren und mit dem Quark verrühren. Mit Honig, Zitronensaft und Vanillearoma abschmecken.

**3.** Die fertigen Pfannkuchen mit der Quarkspeise bestreichen, zur Hälfte zusammenklappen und mit den Erdbeerhälften garnieren.
*(auf dem Foto oben: links)*

**Variation:**
Für Apfelpfannkuchen mit Sesamkruste zusätzlich 500 g geschälte, in Spalten geschnittene Äpfel unter den Teig rühren. Für jeden Pfannkuchen 1 Eßlöffel Sesam in etwas Fett andünsten, dann den Teig darübergießen und ihn backen.
Die fertigen Pfannkuchen mit geschlagener Sahne, mit Honig gesüßt, und mit Zimtpulver verzieren.
*(auf dem Foto oben: rechts)*

## Buchweizen-Beeren-Rollen

- Zubereitungszeit: ca. 3/4 Std.
- Quellzeit: ca. 1/2 Std.
- ca. 630 kcal je Portion
- Zum Verzieren: Puderzucker

**Für den Buchweizenpfannkuchenteig:**
**65 g Buchweizenmehl**
**65 g Weizenmehl Type 1050**
**100 g Weizenmehl Type 405**
**1 P. Vanillesaucenpulver**
**2 TL Backpulver. 1 P. Vanillezucker**
**1 Prise Salz, 3 Eier**
**1/2 l Buttermilch**
**50 g gemahlene Walnüsse**
**60 g Butter oder Margarine**
**zum Ausbacken**
**Für die Beerenfüllung:**
**je 250 g Heidelbeeren und Brombeeren**
**75 g Puderzucker**

**1.** Den Pfannkuchenteig wie auf Seite 21 beschrieben zubereiten, dabei anstelle der Milch Buttermilch und Walnüsse unter das Mehl rühren. Den Teig anschließend quellen lassen.

**2.** Beeren mit Puderzucker einmal aufkochen lassen.

**3.** Die Pfannkuchen wie auf Seite 21 beschrieben backen. Auf jeden Pfannkuchen 1/6 der Beerenmischung verteilen, aufrollen und mit Puderzucker bestäuben.
*(auf dem Foto unten)*

CREMIG / VOLLMUNDIG

FRUCHTIG-HERB

# FEINE CRÊPES

**Die hauchdünnen Crêpes sind eine raffinierte Spezialität aus Frankreich. Die Zutaten sind denen der Eierpfannkuchen ähnlich. Der besondere Trick liegt in ihrer Zubereitung. Denn nur mit dem gewissen Dreh bekommen die Crêpes ihre richtige Form.**

## Crêpesteig

- Zubereitungszeit: ca. 3/4 Std.
- Quellzeit: ca. 1 Std.
- ca. 240 kcal je Portion

**125 g Weizenmehl Type 405**
**50 g Zucker**
**1 Prise Salz**
**2 Eier**
**1/8 l Milch**
**1/8 l Wasser**
**1 EL Öl**
**2 EL Butter oder Margarine zum Ausbacken**

**1.** Mehl, Zucker und Salz mischen. Die Eier darunterrühren. Nach und nach Milch, Wasser und Öl darunterrühren. Dabei dürfen keine Klümpchen entstehen. Den Teig 1 Stunde quellen lassen.

**2.** Eine Pfanne (ca. 20 cm Durchmesser) mit etwas Fett einpinseln. 3 bis 4 Eßlöffel Teig hineingießen, dabei die Pfanne leicht anheben und drehen, damit sich der Teig auf dem Pfannenboden gleichmäßig dünn verteilt.

**3.** Crêpe bei mittlerer Hitze in knapp 2 Minuten goldgelb backen und vorsichtig wenden.

**4.** Auf der zweiten Seite ebenfalls goldgelb backen. Nacheinander aus dem Teig 8 bis 10 Crêpes backen.
*(auf dem Foto rechts: oben)*

# Sesamcrêpes mit Ananassauce und Kokoseis

- Zubereitungszeit: ca. 1 1/4 Std.
- Quellzeit: ca. 1 Std.
- ca. 490 kcal je Portion
- Zum Verzieren: Kokosflocken

**Für den Crêpesteig:**
**2 EL Sesamsamen**
**125 g Weizenmehl Type 405**
**50 g Zucker, 1 Prise Salz, 2 Eier**
**1/8 l Milch, 1/8 l Wasser, 1 EL Öl**
**2 EL Butter oder Margarine zum Ausbacken**
**Für die Ananassauce:**
**1 Ananas**
**60 g Zucker**
**Mark von 1 Vanilleschote**
**2 EL Rum**
**Außerdem:**
**4 Kugeln Kokoseis**

**1.** Sesamsamen in einer trockenen Pfanne goldgelb rösten. Den Crêpesteig wie auf Seite 42 beschrieben zubereiten, dabei die gerösteten Sesamsamen darunterrühren. Den Teig nun quellen lassen.

**2.** Die Ananas schälen, den harten Strunk herausschneiden und 2/3 des Fruchtfleisches pürieren, den Rest in kleine Stücke schneiden. Zucker und 60 ml Wasser unter Rühren aufkochen, bis sich der Zucker vollständig gelöst hat. Vanillemark und Ananasstücke darunterrühren und noch 2 bis 3 Minuten köcheln lassen. Dann das Ananaspüree darunterrühren und mit Rum abschmecken.

**3.** Die Crêpes wie auf Seite 42 beschrieben backen und zu Tüten falten. Die Ananassauce auf 4 Tellern verteilen und je zwei Crêpes mit 1 Kugel Kokoseis darauf anrichten und das Ganze mit den Kokosflocken bestreuen.
*(auf dem Foto unten: unten)*

AROMATISCH

## Gratinierte Crêpes mit Birnenfüllung

- Zubereitungszeit: ca. 1 1/4 Std.
- Quellzeit: ca. 1 Std.
- ca. 380 kcal je Portion
- Zum Verzieren: Birnenspalten

**Für den Crêpesteig:**
**125 g Weizenmehl Type 405**
**50 g Zucker, 1 Prise Salz, 2 Eier**
**1 EL Kernöl (Reformhaus)**
**1/8 l Milch**
**1/8 l Wasser**
**2 EL Butter oder Margarine zum Ausbacken**
**Für die Birnenfüllung:**
**250 g Birnen, 2 EL Butter**
**2 EL Zucker**
**Außerdem:**
**2 EL Butter, 2 EL Zucker**
**Fett für die Form**

**1.** Den Crêpesteig wie auf Seite 42 beschrieben zubereiten und quellen lassen.

**2.** Die Birnen schälen und in Stücke schneiden. Butter und Zucker erhitzen, die Früchte darin dünsten. Backofen auf 175 °C vorheizen.

**3.** Die Crêpes wie auf Seite 42 beschrieben backen. Die Birnenmasse darauf verteilen. Die Crêpes aufrollen, in eine gefettete Auflaufform (20 x 24 cm) legen, die restliche Butter in Flöckchen darauf verteilen und den restlichen Zucker darüberstreuen. Die Crêpes 20 Minuten gratinieren, mit den Birnenspalten anrichten.
*(auf dem Foto: oben)*

### Variation:

Für Feigentüten rühren Sie zusätzlich das Mark von 1 Vanilleschote unter den Teig und backen ihn dann. Für die Füllung 4 Feigen etwa 5 Minuten in 200 ml Traubensaft köcheln lassen, den Saft mit 2 Eßlöffeln Speisestärke binden. Die Crêpes zu Tüten falten und mit halbierten Feigen, Saft und Minzeblättchen anrichten.
*(auf dem Foto: Mitte)*

## Vollkorncrêpes mit Mangopüree

- Zubereitungszeit: ca. 1 Std.
- Quellzeit: ca. 1 Std.
- ca. 330 kcal je Portion
- Zum Verzieren: Zitronenmelisseblättchen

**Für den Crêpesteig:**
**125 g Weizenmehl Type 1050**
**3 EL Honig, 1 Prise Salz**
**1 EL Walnußöl, 3 Eier**
**1/8 l Milch, 1/8 l Wasser**
**2 EL Butter oder Margarine zum Ausbacken**
**Für das Mangopüree:**
**1 Mango, 1 EL Crème fraîche**
**1 EL flüssiger Honig**

**1.** Den Crêpesteig wie auf Seite 42 beschrieben zubereiten und 9 Crêpes daraus backen. Einen Crêpe in lange Streifen schneiden.

**2.** Die Mango schälen. Das Fruchtfleisch vom Stein lösen und pürieren, mit Crème fraîche und Honig abschmecken.

**3.** Je einen Eßlöffel Mangopüree auf die Crêpes setzen, die Crêpes in der Mitte zusammenraffen, mit einem Crêpestreifen vorsichtig zusammenbinden und mit den Zitronenmelisseblättchen verzieren.
*(auf dem Foto: unten)*

AROMATISCH / VOLLWERTIG

## Crêpes mit Weinschaum und Erdbeeren

- Zubereitungszeit: ca. 1 Std.
- Quellzeit: ca. 1 Std.
- ca. 360 kcal je Portion
- Zum Verzieren: Puderzucker

**Für den Crêpesteig:**
**125 g Weizenmehl Type 405, 50 g Zucker**
**1 Prise Salz, Mark von 1 Vanilleschote**
**2 Eier, 1 EL Öl, 1/8 l Milch**
**1/8 l Wasser, 2 EL Butter oder Margarine zum Ausbacken**
**Für den Weinschaum:**
**80 g Zucker, 5 ganz frische Eigelbe**
**Saft von 1 Zitrone, 2 EL Weißwein**
**Außerdem:**
**100 g Erdbeeren**

**1.** Den Crêpesteig wie auf Seite 42 beschrieben zubereiten, dabei das Vanillemark darunterrühren. Dann den Teig quellen lassen.

**2.** Die Crêpes wie auf Seite 42 beschrieben backen und warmhalten. Zucker, Eigelbe und Zitronensaft kräftig verrühren, anschließend den Wein darunterschlagen.

**3.** Das Ganze ins heiße Wasserbad setzen und die Masse solange mit den Quirlen des Handrührgerätes aufschlagen, bis sie steif geworden ist. Die Erdbeeren halbieren.

**4.** Die Crêpes halbieren und von beiden Seiten einmal zur Mitte einschlagen. Je drei Crêpes auf einen Teller legen, mit 1/4 des Weinschaums umgießen, mit einigen Erdbeeren belegen und mit Puderzucker bestäuben.

## Nektarinencrêpestorte

- Zubereitungszeit: ca. 1 1/4 Std.
- Quellzeit: ca. 1 Std.
- ca. 150 kcal je Stück
- Zum Verzieren: Zitronenmelisseblättchen

**Für den Crêpesteig:**
**125 g Weizenmehl Type 405**
**50 g Zucker, Prise Salz**
**1 EL Öl, 2 Eier, 1/4 l Milch**
**2 EL Butter oder Margarine zum Ausbacken**
**Für das Nektarinenpüree:**
**5 Nektarinen**
**75 g gemahlene Mandeln**
**Außerdem:**
**Fett und Paniermehl für die Form**
**4 Eigelbe, 75 g Zucker**
**3 EL süße Sahne**
**1 Prise Kardamompulver**

**1.** Den Crêpesteig wie auf Seite 42 beschrieben zubereiten, dabei anstelle des Milch-Wasser-Gemischs nur Milch unter das Mehl rühren. Den Teig quellen lassen.

**2.** 4 Nektarinen überbrühen, enthäuten, entsteinen und pürieren, die Mandeln daruntermischen. Den Backofen auf 150 °C vorheizen.

**3.** 8 Crêpes wie auf Seite 42 backen. 7 davon mit dem Nektarinenpüree bestreichen. Eine Springform ausfetten, mit dem Paniermehl ausstreuen und die Crêpes abwechselnd mit dem Püree hineinschichten (die Form sollte knapp den Durchmesser der Crêpes haben). Mit dem letzten Crêpe bedecken.

**4.** Eigelbe mit Zucker hell-cremig schlagen, Sahne und Kardamompulver daruntermischen. Die Ei-Sahne-Creme über die Crêpestorte gießen und 10 bis 15 Minuten backen, bis die Creme fest ist. Die übrige Nektarine in Spalten schneiden. Die Torte mit den Nektarinenspalten und mit Zitronenmelisseblättchen verzieren.

## Himbeerbriefe

- Zubereitungszeit: ca. 1 Std.
- Quellzeit: ca. 1 Std.
- ca. 450 kcal je Portion
- Zum Verzieren: Schokoladensplitter

**Für den Crêpesteig:**
**125 g Weizenmehl Type 405**
**50 g Zucker, 1 Prise Salz**
**1 EL Kakaopulver, 1 EL Öl**
**2 Eier, 1/8 l Milch, 1/8 l Wasser**
**2 EL Butter oder Margarine zum Ausbacken**
**Für das Himbeerpüree:**
**300 g Himbeeren**
**1 EL Zitronensaft, 1 EL Honig**
**Außerdem:**
**200 g süße Sahne**
**1 TL Kakaopulver**

**1.** Den Crêpesteig wie auf Seite 42 beschrieben zubereiten, dabei das Kakaopulver darunterrühren. Den Teig quellen lassen.

**2.** Die Himbeeren pürieren. Mit Zitronensaft und Honig abschmecken.

**3.** Die Crêpes wie auf Seite 42 beschrieben backen. Die Himbeermasse in die Mitte der Crêpes füllen, diese zu Briefumschlägen falten. Sahne steif schlagen, Kakaopulver darunterrühren. Sahne auf die Himbeerbriefe geben und sie mit Schokoladensplittern anrichten.
*(auf dem Foto oben: oben)*

### Variation:
Sie können aus dem gleichen Teig auch Karamelpäckchen mit Heidelbeeren zubereiten, dann aber den Kakao für den Crêpesteig weglassen. Für die Füllung kochen Sie 1 Portion dickflüssigen Karamelpudding. Auf jede gebackene Crêpe etwas Karamelpudding geben, Crêpes zu Päckchen zusammenklappen. Mit 400 g gedünsteten Heidelbeeren anrichten und mit Krokant bestreuen.
*(auf dem Foto oben: unten)*

## Crêpes Suzette

- Zubereitungszeit: ca. 1 Std.
- Quellzeit: ca. 1 Std.
- ca. 440 kcal je Portion
- Zum Verzieren: eventuell Orangenschalenraspel

**Für den Crêpesteig:**
**125 g Weizenmehl Type 405**
**50 g Zucker, 1 Prise Salz, 2 Eier**
**1 EL Öl, 1/8 l Milch, 1/8 l Wasser**
**1 TL Orangenaroma**
**2 EL Butter oder Margarine zum Ausbacken**
**Für die Orangensauce:**
**3 Orangen, 2 EL Butter**
**2 EL Puderzucker**
**1 TL Orangenaroma**
**Außerden:**
**6 EL Orangenlikör**

**1.** Den Crêpesteig wie auf Seite 42 beschrieben zubereiten, das Orangenaroma unterrühren.

**2.** Orangen auspressen. Butter, Zucker, Orangenaroma und Orangensaft bei starker Hitze einkochen lassen.

**3.** Die Crêpes wie auf Seite 42 beschrieben backen, falten und in die Sauce legen. Orangenlikör vorsichtig erwärmen, über die Crêpes gießen, das Ganze anzünden, eventuell mit Orangenschalenraspeln bestreut servieren.
*(auf dem Foto unten)*

ZART / VOLLMUNDIG

AROMATISCH

## Crêpes mit gemischtem flambiertem Obst

- Zubereitungszeit: ca. 1 ½ Std.
- Quellzeit: ca. 1 Std.
- ca. 400 kcal je Portion

Zum Verzieren: eventuell Zitronenmelisseblättchen

**Für den Crêpesteig:**
**125 g Weizenmehl Type 405**
**50 g Zucker**
**1 Prise Salz**
**1 TL abgeriebene Schale einer unbehandelten Zitrone**
**2 Eier**
**1 EL Öl**
**⅛ l Milch**
**⅛ l Wasser**
**20 g Butter oder Margarine zum Ausbacken**

**Für den Obstsalat:**
**500 g gemischtes Obst**
**20 g Butter**
**20 g Zucker**
**8 cl Kirschwasser**

**1.** Den Crêpesteig wie auf Seite 42 beschrieben zubereiten, dabei die Zitronenschale darunterrühren. Den Teig quellen lassen.

**2.** Das Obst eventuell schälen, entkernen und kleinschneiden. Butter und Zucker in einer Pfanne schmelzen. Das Obst hinzufügen und darin andünsten.

**3.** Die Crêpes wie auf Seite 42 beschrieben backen. Je 3 Crêpes und ¼ der Früchte in eine Flambierpfanne legen. 2 cl Kirschwasser in einer Kelle über einem Teelicht vorsichtig erwärmen, über Crêpes und Früchten verteilen, das Ganze anzünden und eventuell mit Zitronenmelisseblättchen anrichten.

# Flambierte Apfelcrêpes

- Zubereitungszeit: ca. 1 ¼ Std.
- Quellzeit: ca. 1 Std.
- ca. 440 kcal je Portion
- Zum Verzieren: eventuell Haselnußblättchen

**Für den Crêpesteig:**
**125 g Weizenmehl Type 405**
**50 g Zucker**
**1 Prise Salz**
**2 Eier, 1 EL Öl**
**Mark von 1 Vanilleschote**
**⅛ l Milch, ⅛ l Wasser**
**2 EL Butter oder Margarine zum Ausbacken**
**Für die Apfelfüllung:**
**4 Äpfel (z. B. Elstar)**
**Saft von ½ Zitrone**
**1 EL Butter**
**1 EL Puderzucker**
**4 EL Calvados**
**Außerdem:**
**4 EL Calvados zum Flambieren**

**1.** Den Crêpesteig wie auf Seite 42 beschrieben zubereiten, dabei das Vanillemark darunterrühren. Den Teig quellen lassen.

**2.** Die Äpfel eventuell schälen, dann vierteln, entkernen und in Spalten schneiden, sie mit Zitronensaft beträufeln, damit sie nicht braun werden. Butter erhitzen, die Apfelspalten und Puderzucker darin andünsten, mit dem Calvados ablöschen und etwa 5 Minuten dünsten.

**3.** Die Crêpes wie auf Seite 42 beschrieben backen, zweimal zusammenklappen und mit den Apfelspalten füllen. Restlichen Calvados in einer Kelle über einem Teelicht erwärmen, über die Crêpes gießen, dann das Ganze anzünden und eventuell mit Haselnußblättchen bestreuen.

## AROMATISCH

## LOCKER

## Flambierte Bananencrêpes

- Zubereitungszeit: ca. 1 $^{1}/_{4}$ Std.
- Quellzeit: ca. 1 Std.
- ca. 400 kcal je Portion
- Zum Verzieren: eventuell Orangenscheiben

**Für den Crêpesteig:**
**125 g Weizenmehl Type 405**
**50 g Zucker, 1 Prise Salz**
**2 Eier, 1 EL Walnußöl**
**$^{1}/_{8}$ l Milch**
**$^{1}/_{8}$ l Wasser**
**2 EL Butter oder Margarine**
**zum Ausbacken**
**Für die Bananenfüllung:**
**3 Bananen**
**Saft von 1 Zitrone**
**2 P. Vanillezucker**
**20 g Butter**
**6–8 EL Orangenlikör**

**1.** Den Crêpesteig wie auf Seite 42 beschrieben zubereiten, quellen lassen, backen und warm stellen.

**2.** Die Bananen schälen, je einmal längs und quer halbieren, mit dem Zitronensaft beträufeln. Vanillezucker auf einen Teller geben und die Bananenstücke darin wälzen.

**3.** Butter in einer Pfanne erhitzen und die Bananenstücke darin von jeder Seite 2 Minuten dünsten, dabei die Pfanne abdecken.

**4.** Die Bananenstücke auf die fertigen Crêpes verteilen, diese aufrollen und in eine Flambierpfanne legen. Orangenlikör in einer Kelle über einem Teelicht vorsichtig erwärmen, über die Crêpes gießen, das Ganze anzünden, eventuell mit Orangenscheiben verzieren und sofort servieren.
*(auf dem Foto oben)*

## Gebackene Crêpes mit Traubencreme

- Zubereitungszeit: ca. 1 $^{1}/_{2}$ Std.
- Quellzeit: ca. 1 Std.
- ca. 400 kcal je Portion
- Dekoration: Orangenscheiben

**Für den Crêpesteig:**
**125 g Weizenmehl Type 405**
**50 g Zucker, 1 Prise Salz**
**1 TL Orangenaroma, 1 EL Öl**
**2 Eier, $^{1}/_{8}$ l Milch, $^{1}/_{8}$ l Wasser**
**2 EL Butter oder Margarine**
**zum Ausbacken**
**Für die Traubencreme:**
**250 g Weintrauben, 3 Eier**
**$^{1}/_{4}$ l Milch, 50 g Zucker, 20 g Mehl**
**1 EL Mandellikör**
**etwas Fett für die Form**

**1.** Den Crêpesteig wie auf Seite 42 beschrieben zubereiten, dabei das Orangenaroma unterrühren, quellen lassen und backen. Den Backofen auf 225 °C vorheizen.

**2.** Die Weintrauben entstielen. Eier trennen, Eiweiße steif schlagen. Die Milch aufkochen. Eigelbe und Zucker kräftig verrühren. Erst das Mehl, dann die kochende Milch darunterrühren. Das Ganze unter Rühren aufkochen und bei schwacher Hitze 2 Minuten weiterrühren. Von der Kochstelle nehmen und Mandellikör darunterrühren. Weintrauben und Eischnee darunterheben.

**3.** Die Creme auf die Crêpes verteilen, Crêpes aufrollen und in eine gefettete feuerfeste Form (etwa 30 x 24 cm) legen, 7 bis 10 Minuten backen und die Crêpes mit Orangenscheiben belegen.
*(auf dem Foto unten)*

# PLINSEN, BLINIS UND CO.

**Unser Angebot an Rezepten für süße Leckereien aus der Pfanne beschränkt sich nicht nur auf Pfannkuchen und Crêpes. Jeder Teigtaler, der in der Pfanne gebacken wird, sei er aus Quark, Grieß, Milchreis oder Hefeteig, gehört auch dazu.**

## Haferflocken-Plinsen und rote Johannisbeeren

- Zubereitungszeit: ca. 1 Std.
- Zeit zum Gehen: ca. 40 Min.
- ca. 350 kcal je Portion
- Zum Verzieren: Johannisbeerrispen

**Für den Teig:**
**100 ml lauwarme Milch**
**2 EL Ahornsirup (Reformhaus)**
**1/2 Würfel frische Hefe**
**100 g blütenzarte Haferflocken**
**1 Ei**
**1 Prise Zimt**
**1 Prise Salz**
**60 g Butter oder Margarine zum Ausbacken**
**Für die Johannisbeersauce:**
**250 g schwarze oder rote Johannisbeeren**
**2 EL Ahornsirup**
**Saft von 1 Orange**

**1.** Milch, Ahornsirup und zerbröckelte Hefe verrühren. Diesen Vorteig zugedeckt an einem warmen Ort etwa 20 Minuten gehen lassen. Haferflocken, Ei, Zimt und Salz hinzufügen und alles verkneten. Nochmals etwa 20 Minuten gehen lassen.

**2.** Johannisbeeren von den Rispen streifen und die Hälfte pürieren. Mit Ahornsirup und Orangensaft verrühren. Ganze Beeren darunterheben.

**3.** Nacheinander 12 kleine Plinsen im heißen Fett backen. Johannisbeersauce auf vier Teller verteilen und die Plinsen mit den Johannisbeerrispen darauf anrichten.
*(auf dem Foto rechts: oben)*

# Süße Plätzchen mit Kiwipüree

- Zubereitungszeit: ca. 3/4 Std.
- ca. 550 kcal je Portion
- Zum Verzieren: Puderzucker

**<u>Für den Teig:</u>**
**2 Eier**
**100 g Zucker**
**1 Prise Salz**
**250 g Weizenmehl Type 405**
**1 TL Backpulver**
**6 EL Milch**
**60 g Butter oder Margarine zum Ausbacken**
**<u>Für das Kiwipüree:</u>**
**4 Kiwis**
**50 g Sonnenblumenkerne**
**4 EL Kiwilikör**

**1.** Eier mit dem Zucker und dem Salz schaumig rühren.

**2.** Mehl mit dem Backpulver mischen, zum Zucker-Ei-Gemisch geben. Milch darunterrühren.

**3.** Etwas Fett in einer Pfanne erhitzen. Jeweils etwa 3 Eßlöffel Teig einzeln in die Pfanne geben, etwas verstreichen und die Plätzchen von beiden Seiten bei schwacher Hitze 2 bis 3 Minuten goldgelb backen.

**4.** Die Kiwis schälen. Zwei Früchte pürieren, die anderen würfeln. Sonnenblumenkerne hacken und mit dem Likör unter das Fruchtpüree rühren. Die Kiwiwürfel darunterziehen. Die süßen Plätzchen mit Puderzucker bestäuben und mit dem Kiwipüree anrichten.
*(auf dem Foto: unten)*

FEIN

LOCKER

## Hefe-Pfannkuchenturm mit Brombeerpüree

- Zubereitungszeit: ca. $^3/_4$ Std.
- Zeit zum Gehen: ca. $^1/_2$ Std.
- ca. 590 kcal je Portion
- Zum Verzieren: Sonnenblumenkerne

**Für den Teig:**
**$^1/_8$ l Milch, 1 EL Akazienhonig**
**10 g frische Hefe**
**150 g Sahnejoghurt**
**200 g Weizenmehl Type 1050**
**2 Eier, 2 Eigelbe, 1 Prise Salz**
**1 Prise Vanillearoma**
**60 g Butter oder Margarine**
**zum Ausbacken**
**Für das Brombeerpüree:**
**400 g Brombeeren**
**3 EL Akazienhonig**
**2–4 cl Himbeergeist**
**100 g Sonnenblumenkerne**

**1.** Milch leicht erwärmen, den Honig und zerbröckelte Hefe darin sorgfältig auflösen. Zimmerwarmen Joghurt, Mehl, Eier, Eigelbe, das Salz und Vanillearoma unter die Milch rühren. Den Teig abgedeckt an einem warmen Ort etwa $^1/_2$ Stunde gehen lassen.

**2.** Etwas Fett in einer Pfanne erhitzen, nacheinander 6 Pfannkuchen von beiden Seiten goldgelb backen und warm halten.

**3.** Die Brombeeren im Mixer pürieren und mit Honig und Himbeergeist verrühren. Sonnenblumenkerne mahlen und unter das Brombeerpüree rühren.

**4.** Die Brombeermasse gleichmäßig auf die Pfannkuchen verstreichen, diese dann übereinanderschichten (mit dem Brombeerpüree enden) und das Ganze mit Sonnenblumenkernen bestreuen.
*(auf dem Foto: oben)*

## Hefepfannkuchen mit Johannisbeersorbet

- Zubereitungszeit: ca. 1 $^1/_4$ Std.
- Zeit zum Gehen: ca. $^1/_2$ Std.
- Zeit zum Gefrieren: mind. 3 Std.
- ca. 500 kcal je Portion
- Zum Verzieren: Johannisbeerrispen

**Für das Johannisbeersorbet:**
**500 g schwarze Johannisbeeren**
**3 EL Ahornsirup**
**Außerdem:**
**250 g Johannisbeeren**
**Für den Teig:**
**$^1/_8$ l Milch, 1 EL Akazienhonig, 10 g Hefe**
**150 g Sahnejoghurt**
**200 g Weizenmehl Type 1050**
**2 Eier, 2 Eigelbe**
**1 Prise Salz, 1 Prise Vanille-Aroma**
**60 g Butter oder Margarine**
**zum Ausbacken**

**1.** Johannisbeeren von den Rispen streifen, durch ein Sieb passieren, Ahornsirup darunterrühren. Püree in eine Schüssel füllen, in das Gefriergerät stellen, mindestens 3 Stunden gefrieren lassen. Danach Sorbet 2 Minuten antauen lassen, mit einem stumpfen Messer grob zerkleinern, mit dem Pürierstab geschmeidig rühren. Zu Kugeln formen und wieder gefrieren, bis die Pfannkuchen fertig sind.

**2.** Die Johannisbeeren von den Rispen streifen und beiseite stellen.

**3.** Den Hefeteig wie im vorherigen Rezept beschrieben zubereiten. Aus dem Teig 8 kleine Pfannkuchen backen. Dafür etwas Fett in einer Pfanne zerlassen, 3 bis 4 Eßlöffel Teig hineingeben und darauf je $^1/_8$ der Johannisbeeren verteilen. Den Pfannkuchen auf beiden Seiten backen. Mit je einer Sorbetkugel anrichten.
*(auf dem Foto: unten)*

FRUCHTIG-HERB

# Grießtaler mit Mirabellenkompott

- Zubereitungszeit: ca. 1 ¼ Std.
- ca. 680 kcal je Portion
- Zum Verzieren: Zitronenmelisseblättchen

**Für den Teig:**
**½ l Milch, 80 g Butter oder Margarine**
**2 EL Zucker, 1 Prise Salz**
**100 g Grieß, 1 Ei**
**60 g Butter oder Margarine zum Ausbacken**
**Für das Mirabellenkompott:**
**500 g Mirabellen**
**⅛ l Weißwein, 1 Zimtstange**
**4 EL Zucker**
**abgeriebene Schale von ½ unbehandelten Zitrone**
**1–2 EL Speisestärke**

**Außerdem:**
**50 g Butter**
**25 g frisch gemahlener Mohn**

**1.** Milch, etwa 1 Eßlöffel Fett, Zucker und Salz aufkochen. Grieß einstreuen und ausquellen lassen. Etwas abkühlen lassen, dann das Ei darunterkneten.

**2.** Etwas Fett in einer Pfanne erhitzen. Aus dem Teig kleine Teigtaler backen.

**3.** Die Mirabellen entsteinen. Wein mit Zimt, Zucker und eventuell Zitronenschale aufkochen. Die Mirabellen hinzufügen und 2 bis 3 Minuten darin dünsten. Zimtstange entfernen. Das Kompott mit Speisestärke binden.

**4.** Butter in einer großen Pfanne schmelzen. Mohn hinzufügen, kurz andünsten und über die Grießtaler verteilen. Mit dem Mirabellenkompott anrichten und mit den Zitronenmelisseblättchen verzieren.

# Reisdoppeldecker mit Dattelquark

- Zubereitungszeit: ca. 1 1/4 Std.
- Quellzeit: ca. 20 Min.
- ca. 930 kcal je Portion
- Zum Verzieren: Pfefferminzblättchen

**Für den Teig:**
**3 Kardamomkapseln (ersatzweise 1 Prise Kardamompulver)**
**1 l Milch**
**1 Prise Salz**
**250 g Milchreis**
**abgeriebene Schale von 1 unbehandelten Zitrone**
**4 Eier**
**60 g Butter oder Margarine zum Ausbacken**

**Für den Dattelquark:**
**200 g getrocknete Datteln**
**2 EL Grand Marnier**
**500 g Sahnequark**
**1 P. Vanillezucker**

**1.** Kardamomsamen aus den Kapseln lösen und im Mörser zerstoßen. Mit Milch und Salz aufkochen. Reis und Zitronenschale in die Milch geben und das Ganze bei schwacher Hitze im geschlossenen Topf etwa 20 Minuten ausquellen lassen. Reis abkühlen lassen, die Eier darunterrühren.

**2.** In der Zwischenzeit die Datteln entsteinen, kleinschneiden und mit Grand Marnier unter den Quark rühren. Mit Vanillezucker süßen.

**3.** Im heißen Fett nacheinander 8 Reisküchlein backen. Dattelquark auf vier Reisküchlein verteilen, mit den restlichen Pfannkuchen bedecken und dann mit Pfefferminzblättchen verzieren.

## Blinis mit Heidelbeerjoghurt

- Zubereitungszeit: ca. 3/4 Std.
- Zeit zum Gehen: ca. 40 Min.
- ca. 640 kcal je Portion
- Zum Verzieren: Puderzucker

<u>Für den Teig:</u>
**125 g Weizenmehl Type 405**
**125 g Buchweizenmehl**
**1/2 Würfel frische Hefe**
**4 EL Zucker, 1/4 l Kefir**
**2 Eier, 1 Prise Salz**
**60 g Butter oder Margarine zum Ausbacken**
<u>Für den Heidelbeerjoghurt:</u>
**500 g Heidelbeeren**
**400 g gesüßter Sahnejoghurt**
**2 P. Vanillezucker**

**1.** Beide Mehlsorten mischen. In die Mitte eine Mulde drücken, zerbröckelte Hefe hineingeben. Zucker darüberstreuen. Kefir lauwarm erhitzen und über die Hefe gießen. Das Ganze sorgfältig verrühren. Den Vorteig zugedeckt 20 Minuten an einem warmen Ort gehen lassen.

**2.** Die Eier trennen, Salz und Eigelbe zum Hefevorteig geben und alles gut verrühren. Eiweiße steif schlagen und mit dem Knethaken des Handrührgerätes unter den Hefeteig arbeiten. Den Teig nochmals 20 Minuten gehen lassen.

**3.** 2/3 der Heidelbeeren durch ein Sieb passieren, mit Sahnejoghurt und Vanillezucker verrühren. Übrige Heidelbeeren darunterheben.

**4.** Fett in einer Pfanne erhitzen und aus dem Teig kleine dünne Blinis backen; warm halten. Je drei Blinis etwas überlappend auf Tellern anrichten, in die Mitte etwas Heidelbeer-Joghurt-Masse geben, alles mit Puderzucker bestäuben.
*(auf dem Foto: oben)*

## Haselnuß-Quark-Taler mit Kirschkompott

- Zubereitungszeit: ca. 1 Std.
- ca. 790 kcal je Portion
- Zum Verzieren: Krokant

<u>Für den Teig:</u>
**500 g Magerquark**
**75 g Zucker**
**1 P. Vanillezucker**
**125 g Weizenmehl Type 405**
**2 Eier**
**100 ml Milch**
**60 g Butter oder Margarine zum Ausbacken**
**100 g gehackte Haselnüsse**
<u>Für das Kirschkompott:</u>
**500 g Sauerkirschen**
**75 g Zucker**
**2 EL Zitronensaft**
**2 EL Wodka**
**1 EL Speisestärke**

**1.** Quark mit Zucker, Vanillezucker, Mehl, Eiern und Milch verrühren. Fett erhitzen und etwa 4 Eßlöffel Teig hineingeben. Den Teig flach auseinanderstreichen und in der Mitte mit je 1 Teelöffel Nüssen bestreuen. Das Ganze mit je 1 Eßlöffel Teig bedecken. Die Teigtaler von jeder Seite 3 bis 4 Minuten backen.

**2.** Die Kirschen entsteinen. Mit Zucker, 2 Eßlöffeln Wasser, Zitronensaft und Wodka aufkochen. 3 bis 5 Minuten dünsten, mit Speisestärke andicken. Die Taler mit Krokant bestreuen und mit dem Kirschkompott anrichten.
*(auf dem Foto: unten)*

CREMIG

# Aprikosen-kaiserschmarren

- Zubereitungszeit: ca. 40 Min.
- Zeit zum Quellen: ca. 20 Min.
- ca. 640 kcal je Portion
- Zum Verzieren: Aprikosenspalten

**8 Eier**
**250 g Weizenmehl Type 405**
**1 Prise Salz**
**3/8 l Milch**
**1 P. Vanillezucker**
**100 g getrocknete Aprikosen**
**50 g Sonnenblumenkerne**
**80 g Butter oder Margarine zum Ausbacken**
**6 EL Puderzucker zum Bestäuben**

**1.** Eier trennen. Mehl, Salz, Eigelbe, Milch und Vanillezucker verrühren. Die Aprikosen würfeln und mit den Sonnenblumenkernen unter den Teig heben. Den Teig etwa 20 Minuten quellen lassen.

**2.** Die Eiweiße steif schlagen, darunterheben.

**3.** Etwas Fett in einer Pfanne zerlassen. Den Teig etwa 1/2 cm hoch hineinfüllen und bei schwacher Hitze in etwa 3 Minuten goldgelb backen. Den Teig wenden und die Unterseite backen.

**4.** Den Kaiserschmarren mit zwei Gabeln in Stücke reißen. Etwas Fett hinzufügen und kurz weiterbacken, dann herausnehmen, warmstellen. Den restlichen Teig in gleicher Weise backen, das Ganze mit Puderzucker bestäuben, mit Aprikosenspalten garnieren.

**Tip:**
Reichen Sie Pflaumen- oder Zwetschgenkompott dazu.

# EINFACH GUT

## Jeder Titel mit 64 Seiten, ca. 50 Farbfotos, kartoniert.

**DM 9,90**, S 79,–, SFr 10,90
ISBN: 3-8068-**1293**-4

**DM 9,90**, S 79,–, SFr 10,90
ISBN: 3-8068-**1294**-2

**DM 9,90**, S 79,–, SFr 10,90
ISBN: 3-8068-**1331**-0

**DM 9,90**, S 79,–, SFr 10,90
ISBN: 3-8068-**1408**-2

**DM 9,90**, S 79,–, SFr 10,90
ISBN: 3-8068-**1417**-1

**DM 9,90**, S 79,–, SFr 10,90
ISBN: 3-8068-**1404**-X

## In der Reihe EINFACH GUT sind ebenfalls erschienen:

**Waffeln**
**DM 9,90**, S 79,–, SFr 10,90
ISBN: 3-8068-**1296**-9

**Italienische Küche**
**DM 9,90**, S 79,–, SFr 10,90
ISBN: 3-8068-**1299**-3

**Vegetarisches aus dem Wok**
**DM 9,90**, S 79,–, SFr 10,90
ISBN: 3-8068-**1412**-0

**Cocktails & Drinks**
**DM 9,90**, S 79,–, SFr 10,90
ISBN: 3-8068-**1292**-6

**Kartoffelgerichte**
**DM 9,90**, S 79,–, SFr 10,90
ISBN: 3-8068-**1297**-7

**Köstliches aus dem Tontopf**
**DM 9,90**, S 79,–, SFr 10,90
ISBN: 3-8068-**1332**-9

**Fritieren**
**DM 9,90**, S 79,–, SFr 10,90
ISBN: 3-8068-**1350**-7

**Fernöstliche Küche**
**DM 9,90**, S 79,–, SFr 10,90
ISBN: 3-8068-**1384**-1

**Das essen Kinder gern**
**DM 9,90**, S 79,–, SFr 10,90
ISBN: 3-8068-**1405**-8

**Longdrinks**
**DM 9,90**, S 79,–, SFr 10,90
ISBN: 3-8068-**1345**-0

**Quiches, Tartes**
**DM 9,90**, S 79,–, SFr 10,90
ISBN: 3-8068-**1407**-4

**Fondues**
**DM 9,90**, S 79,–, SFr 10,90
ISBN: 3-8068-**1298**-5

# Rezeptverzeichnis



Dieses Buch gehört zu einer Kochbuchreihe, die die beliebtesten Themen aus dem Bereich Essen und Trinken aufgreift. Fragen Sie Ihren Buchhändler.


Der Verlag dankt der Firma TEFAL, Walluf, für die freundliche Unterstützung.

ISBN 3 8068 1446 5





Umschlaggestaltung: Peter Udo Pinzer
Gestaltungskonzeption: Christa-Johanna Gramm
Titelbild: TLC-Foto-Studio GmbH, Velen-Ramsdorf (Rezept »Pfannkuchen mit Johannisbeerschnee«, S. 12)
Fotos: S. 2, 4, 20, 41 o., 42, 46, 49 u., 50, 54, 62: FALKEN-Archiv; alle anderen Fotos: TLC-Foto-Studio GmbH, Velen-Ramsdorf
Produktion: VerlagsService Dr. Helmut Neuberger & Karl Schaumann GmbH, Heimstetten
Satz: Fotosatz Völkl, Puchheim
Druck: Ludwig Auer GmbH, Donauwörth

817 2635 4453 62